行事 アイデアぽけっと

pot ブックス mini

わいわい！
せつぶん

チャイルド本社

わいわい！せつぶん

もくじ

つよいぞー！

がおおおぉ!

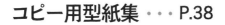

せつぶん

子どもたちにどう伝える?

節分の由来や「どうして?」を、子どもたちと対話をしながらわかりやすく伝えましょう。日本の伝統文化を理解することで、行事への親しみがさらに深まります。

文京学院大学特任教授　鷺谷さくら幼稚園副園長　**松村和子**

こんなふうに伝えよう!
4〜3歳児

子どもの声を拾いながら
対話によって子どもの理解を
深めましょう

知らなーい!

豆まきしたー

えーっ!
おにがくるー?

「豆まき」って知ってる?
おうちでやったことがあるかな?
今度、園でも豆まきしようかな〜って
思ってるの。

おにに豆を投げるよね?　どうして?
あのおにはね、
「目に見えない悪いこと」っていう意味なの。
おには豆がきらいだから、豆を投げて追い払うのよ。

みんなのなかにも、悪いおにがいるかな?
怒りんぼおにとか、泣き虫おにとか…。
豆まきして、追い払おうね。

「自分のなかの○○おに」のことを保育者もいっしょに話し合い、「先生はお菓子大好きおに?」「お寝坊おに?」など、子どもが「あ〜!なるほど」と思えるような例を出してもよいでしょう。

節分とは？

立春の前日を節分といいます。この日には、霊力が宿るとされる豆をまいて、おに（疫病、災害など）を追い払います。さらに豆を食べて霊力を取り込むことで、元気でいられると考えられています。

この年齢になると、"豆まき"自体は知っている子が多いので、その意味をもう少し深く伝えましょう。

そろそろ豆まきの時期ですね。
覚えてる？
なんで、豆まきをするんだっけ？

おにって、「目に見えない悪いこと」だったよね。
豆まきは「節分」にするよね。
節分って、季節の変わり目なの。
今年は2月〇日なのよ。

悪いものを
追い払うの

おにに豆を
投げるの

昔の人は、節分が来ると
「あ〜、やっと春になる」って喜んだの。
でも、「目に見えない悪いことが
起こるかもしれない」って思って、
「豆を投げて退治しよう」って考えたんだって。

退治するー

おには、いわしを焼いた匂いが嫌いだから、
焼いたいわしの頭を
ひいらぎっていう木の枝に刺した物を、
玄関に置いたりするのよ。

5

おにのお面

5歳児

大胆な配色が
にぎやか♪

ゆかいな口元に
個性が光る

色画用紙

両面折り紙や
柄入り折り紙

カラー工作用紙

切り紙した
柄入り折り紙

色画用紙

片段ボール

カラー
工作用紙

ダイナミック カラフルお面

型紙 **P.38**

案・製作／宮地明子

【材料】色画用紙、コピー用紙、カラー工作用紙、両面折り紙、柄入り折り紙、片段ボール

作り方

コピー用紙

ローラーで
絵の具を塗る

切り抜く

2枚作って
両端を貼り合わせる

山折り

6

スポンジスタンプの
ワイルドひげおに

案・製作／尾田芳子

【材料】カラー工作用紙、色画用紙、画用紙、障子紙、折り紙、輪ゴム

型紙 P.38

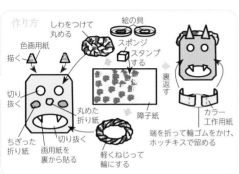

作り方

色画用紙
描く

しわをつけて丸める

絵の具
スポンジスタンプする

丸めた折り紙

障子紙

裏返す

端を折って輪ゴムをかけ、ホッチキスで留める

カラー工作用紙

切り抜く

ちぎった折り紙

切り抜く

画用紙を裏から貼る

軽くねじって輪にする

紙袋がお面にへ〜んしん！

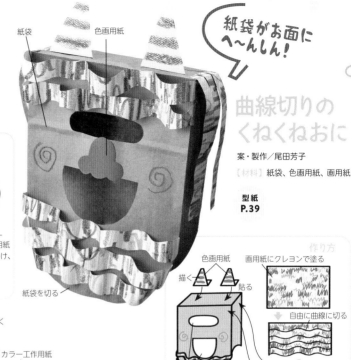

曲線切りの
くねくねおに

案・製作／尾田芳子

【材料】紙袋、色画用紙、画用紙

型紙 P.39

紙袋を切る

作り方

色画用紙
描く

貼る

画用紙にクレヨンで塗る

自由に曲線に切る

切り抜く

ところどころ、たるませて貼る

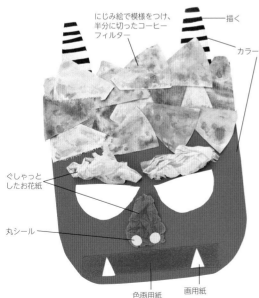

にじみ絵で模様をつけ、半分に切ったコーヒーフィルター

描く

カラー工作用紙

ぐしゃっとしたお花紙

丸シール

色画用紙

画用紙

にじみ絵で不思議な模様に！

にじみヘア＋
太眉おに

案・製作／山下味希恵

型紙 P.39

【材料】色画用紙、画用紙、カラー工作用紙、コーヒーフィルター、お花紙、丸シール、輪ゴム

作り方〈裏側〉

切り抜く

貼る

カラー工作用紙

端を折って輪ゴムをかけ、ホッチキスで留める

4歳児

牛乳パックの
ひらひらおに

型紙
P.39

案・製作／宮地明子

【材料】牛乳パック、色画用紙、画用紙、丸シール、
紙テープ、キラキラしたテープ、片段ボール
スズランテープ、アルミホイル、輪ゴム

エアーパッキングの
くるくるおに

型紙
P.39

案・製作／山下味希恵

【材料】カラー工作用紙、色画用紙、
画用紙、エアーパッキング、
毛糸、輪ゴム

のり巻きっぽい
ヘアスタイル

たくさんの
色を使って
華やかに♪

アルミホイル

片段ボール

スズランテープ

紙テープや
キラキラしたテープ

筒形にした
色画用紙

丸シール

色画用紙

画用紙

作り方

エアーパッキングと
色画用紙を重ねて巻く

貼る

カラー
工作用紙

切り抜く

毛糸

画用紙　色画用紙

油性ペンで
塗った
エアー
パッキング

裏返す

貼る

カラー工作用紙の
端を折って輪ゴムをかけ、
ホッチキスで留める

作り方

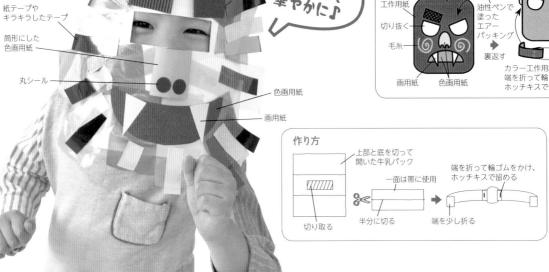

上部と底を切って
開いた牛乳パック

一面は帯に使用

端を折って輪ゴムをかけ、
ホッチキスで留める

切り取る

半分に切る

端を少し折る

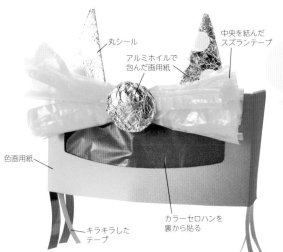

丸シール

アルミホイルで包んだ画用紙

中央を結んだスズランテープ

取り出し口がレンズにぴったり!

色画用紙

キラキラしたテープ

カラーセロハンを裏から貼る

顔はめパネル風おに

案・製作／アトリエ自遊楽校 渡辺リカ

【材料】 紙皿、画用紙、丸シール、色画用紙、毛糸、輪ゴム

型紙
P.40

紙皿がパネルに早変わり!

色画用紙

描く

画用紙に描く

丸シール

色画用紙

毛糸

ティッシュボックスのおにゴーグル

型紙
P.39

案・製作／尾田芳子

【材料】 ティッシュボックス、色画用紙、画用紙、アルミホイル、スズランテープ、丸シール、キラキラしたテープ、カラーセロハン、輪ゴム

作り方

絵の具を塗った紙皿

山折りしてのりで貼る

一部を残して丸く切り抜く

端を折って輪ゴムをかけ、ホッチキスで留める

色画用紙

作り方

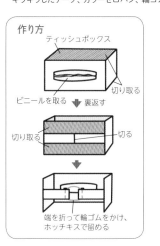

ティッシュボックス

ビニールを取る

切り取る

裏返す

切り取る

切る

端を折って輪ゴムをかけ、ホッチキスで留める

3 歳児

はぎれ ヒラヒラおに

案・製作／いわいざこまゆ

【材料】紙袋、はぎれ、平ゴム

布だから
あったか～い
表情に

強いぞ！ はじき絵おに

案・製作／つかさみほ

【材料】カラー封筒、色画用紙、
画用紙、輪ゴム

型紙
P.40

ギザギザ牙が
かっこいい！

作り方

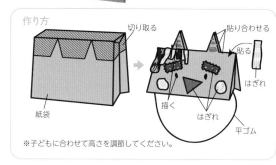

切り取る　　　　貼り合わせる

貼る

はぎれ

描く　　　はぎれ

平ゴム

紙袋

※子どもに合わせて高さを調節してください。

作り方

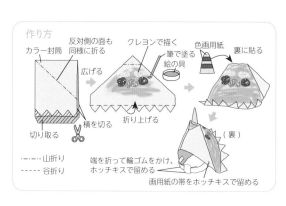

カラー封筒　反対側の面も　クレヨンで描く　色画用紙
　　　　　同様に折る　筆で塗る　　　裏に貼る
広げる　　　　　　　絵の具

折り上げる

切り取る　横を切る

（裏）

—·—·—　山折り
-----　谷折り

端を折って輪ゴムをかけ、
ホッチキスで留める

画用紙の帯をホッチキスで留める

毛糸で
動きをつけて
自由にアレンジ

くしゃくしゃ毛糸の
キュートおに

案・製作／くるみれな

【材料】色画用紙、画用紙、
折り紙、毛糸、輪ゴム

型紙
P.40

作り方

色画用紙

裏返す

----- 谷折り

色画用紙 ← 折り紙

画用紙に描く

色画用紙に描く

毛糸

貼る

色画用紙

端を折って輪ゴムをかけ、
ホッチキスで留める

色画用紙

ダイナミックに
ちぎって貼って

新聞紙帽子の
ちぎり貼りおに

型紙
P.40

案・製作／くるみれな

【材料】色画用紙、画用紙、折り紙、
スズランテープ、新聞紙

作り方

----- 谷折り

新聞紙を半分に折る

1/3

裏返す

筒状になるように貼り合わせる

切り込み

角の形に折って貼る

前後を貼り
合わせる

裏返す

スズラン
テープ

折り紙

色画用紙

画用紙

丸めた折り紙

11

指で描いた
立体的な角が
クール!

指描きの角バンド

案・製作／いわいざこまゆ

【材料】カラー工作用紙、紙皿、輪ゴム

作り方

絵の具を付けた指で、紙皿に自由に描く

切る

円すい形にしてホッチキスで留める

端を折って輪ゴムをかけ、ホッチキスで留める

貼る

カラー工作用紙

ビニール袋でジャストフィット!

キュートな帽子おに

案・製作／すぎやままさこ

【材料】色付きのビニール袋、色画用紙、画用紙、お花紙、ビニールテープ

型紙
P.40

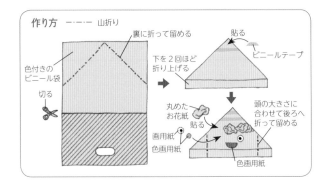

作り方 ー・ー・ー 山折り

色付きのビニール袋

切る

裏に折って留める

下を2回ほど折り上げる

貼る
ビニールテープ

丸めたお花紙
貼る

画用紙
色画用紙

頭の大きさに合わせて後ろへ折って留める

色画用紙

指スタンプのおに冠

案・製作／尾田芳子

【材料】カラーポリ袋、画用紙、
ビニールテープ、スズランテープ

型紙 P.40

三つ編み
カラーポリ袋で
存在感アップ

作り方

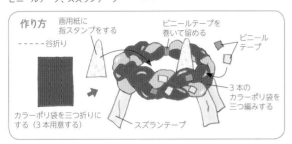

- - - - - 谷折り

画用紙に
指スタンプをする

ビニールテープを
巻いて留める

ビニール
テープ

3本の
カラーポリ袋を
三つ編みする

カラーポリ袋を三つ折りに
する（3本用意する）

スズランテープ

0歳児
にも♪

手形おにのベスト

案・製作／くるみれな

【材料】色画用紙、画用紙、カラーポリ袋、
丸シール、透明カバーフィルム、カラークラフトテープ

型紙 P.40

作り方

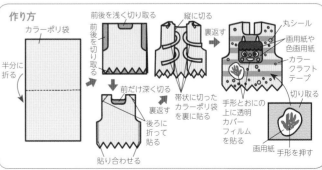

カラーポリ袋

半分に
折る

前後を浅く切り取る

前後を
切り取る

縦に切る

裏返す

丸シール

画用紙や
色画用紙

カラー
クラフト
テープ

切り取る

前だけ深く切る

裏返す

後ろに
折って
貼る

帯状に切った
カラーポリ袋を
裏に貼る

手形とおにの
上に透明
カバー
フィルム
を貼る

画用紙

手形を押す

貼り合わせる

13

作ろう！

豆入れ

封筒が
あっという間に
豆入れに！

3〜2
歳児

封筒おにさんの豆入れ

案・製作／宮地明子

【材料】封筒、色画用紙

オリジナルだから
うれしい♪

4〜3
歳児

作り方

斜線部を切る

切る

谷折りして
折り筋を付ける

封筒

谷折り

広げて折り、
底にする

貼る

色画用紙
に描く

描く

底から
見たところ

おしゃれパンツの豆入れ

案・製作／宮地明子

【材料】ティッシュボックス、
折り紙、紙ひも、色画用紙

型紙
P.41

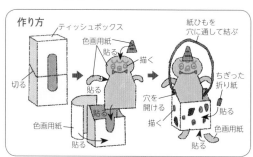

作り方

ティッシュボックス

色画用紙
貼る

切る

貼る

色画用紙
貼る

描く

貼る

穴を
開ける

描く

紙ひもを
穴に通して結ぶ

ちぎった
折り紙
貼る

色画用紙
貼る

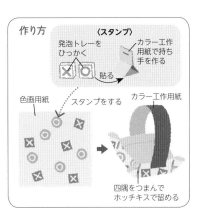

作り方

〈スタンプ〉

発泡トレーをひっかく

カラー工作用紙で持ち手を作る

貼る

色画用紙

スタンプをする

カラー工作用紙

四隅をつまんでホッチキスで留める

スタンプ模様がおもしろい

色画用紙

おにの顔を作って貼る

色画用紙　描く

4〜3歳児

発泡トレースタンプの豆入れ

型紙 P.41

案・製作／くるみれな

【材料】色画用紙、発泡トレー、カラー工作用紙

カップ形豆入れ

3〜2歳児

案・製作／尾田芳子

【材料】色画用紙、ゼリーなどの空き容器

型紙 P.41

作り方

色画用紙

クレヨンで描く

筒状に丸めて入れ、セロハンテープで留める

ゼリーなどの空き容器

おにの顔を描くだけ！

パクパクお口がキュート☆

5〜4歳児

パクパク豆入れ

案・製作／町田里美

【材料】お菓子などの空き箱、色画用紙、画用紙、モール

型紙 P.41

作り方

穴を開けてモールを通し、しっかり貼る

空き箱

描く

色画用紙

貼る

色画用紙などを貼る

色画用紙

画用紙

色画用紙をちぎって貼る

アラカルト

丸めた折り紙が
とっても強そう

5〜4歳児 ちぎり貼りの金棒

案・製作／尾田芳子

【材料】折り紙、新聞紙、布クラフトテープ

作り方

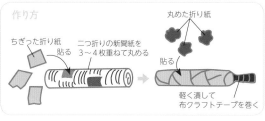

ちぎった折り紙
貼る

二つ折りの新聞紙を
3〜4枚重ねて丸める

丸めた折り紙

貼る

軽く潰して
布クラフトテープを巻く

ちぎった
折り紙が
ワイルド！

3〜2歳児 絵の具＆折り紙で おにのパンツ

案・製作／いとう・なつこ

【材料】画用紙、折り紙

型紙
P.41

絵の具を塗った
画用紙

細く裂いた
折り紙

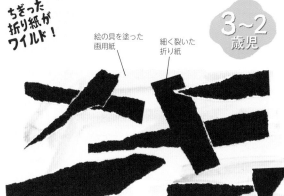

飾り案

綿ロープに木製クリップで挟んで。

ポイント 折り紙は、裂きやすいように、切り込みを入れましょう。

16

描く

色画用紙

帯状に切った折り紙

描く

色画用紙

色画用紙

画用紙

パーツを貼るだけだからかーんたん!

型紙 P.42

2~1歳児

切って＆貼っていろいろおに

案／オハナ新羽保育園（神奈川）
製作／町田里美

【材料】色画用紙、画用紙、折り紙

1~0歳児

ふっくらビニール袋おに

案／東京家政大学ナースリールーム
製作／町田里美

型紙 P.42

【材料】ビニール袋、お花紙、
ビニールテープ、色画用紙、丸シール

飾り案

おにが島で、かわいらしいおにたちが仲よく遊んでいるみたい！

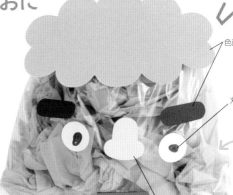

ビニール袋の口を結び、
おにの角になるよう
ビニールテープを貼る

ビニール袋を結んだ所がおにの角に!

色画用紙

丸シールに描く

色画用紙

ポイント

ビニール袋に空気が
入るように口を結んで。

丸めたお花紙を詰めた
ビニール袋

色画用紙

17

節分の壁面

大きな口で、いただきま～す♪

案／西内としお　製作／わたいしおり

【材料】色画用紙、画用紙、厚紙、綿、カラーポリ袋

型紙 P.43

ポイント

恵方巻きは、綿を貼った厚紙をカラーポリ袋で包んで、ふんわり仕上げよう。

おにさんといっしょにパクリ！

みんなで元気に豆まき
おには〜外！

案・製作／イシグロフミカ

【材料】色画用紙、
軽量紙粘土、画用紙

**型紙
P.44**

型紙
P.44

ポイント

豆は、軽量紙粘土
にうすだいだいの
絵の具を混ぜて、
豆っぽい質感に。

豆まきの声が
聞こえてくるよ

節分の室内飾り

ポイント
おには、不織布や
毛糸を使って、
存在感をアピール！

—— リボン

—— 色画用紙

—— フェルトに
毛糸を貼る

厚紙

カラー工作用紙

段ボール板に
色画用紙を貼る

厚紙に綿を載せて
不織布で包む

色画用紙と
画用紙で作る

厚紙に
フェルトを貼る

色画用紙

色画用紙

丸シール

色画用紙と
画用紙で作る

柄入り折り紙

色画用紙と
画用紙で作る

厚紙にフェルトを貼る

不織布や
毛糸を使って
あったか〜く

わくわく節分リース

案・製作／もりあみこ

【材料】色画用紙、画用紙、不織布、綿、毛糸、フェルト、厚紙、
カラー工作用紙、柄入り折り紙、丸シール、リボン、段ボール板

ポイント
豆入れ、恵方巻き、おにのパンツは、
段ボール板を挟んで浮かせて。

型紙
P.44
〜45

キラキラ素材で
クールに決める！

20

ひいらぎいわしで
おには外!

案・製作／RanaTura.上田有規子

型紙
P.46

【材料】パッケージ袋（キラキラした袋）、スパンコールリボン、色画用紙、画用紙、フェルト、キラキラした折り紙、カラー針金、枝、綿、段ボール板、ひも

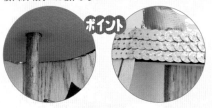

ポイント

頭の底の面に穴を開けて、骨（枝）を通す。

スパンコールリボンを使って、キラキラ感アップ！

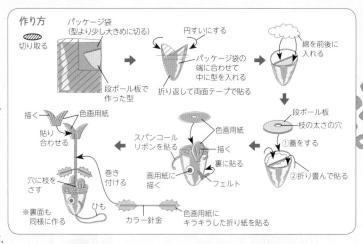

作り方

切り取る

パッケージ袋（型より少し大きめに切る）

段ボール板で作った型

円すいにする

パッケージ袋の端に合わせて中に型を入れる

折り返して両面テープで貼る

綿を前後に入れる

段ボール板
枝の太さの穴

①蓋をする

②折り畳んで貼る

色画用紙にキラキラした折り紙を貼る

カラー針金

画用紙に描く

フェルト

描く
裏に貼る

色画用紙

スパンコールリボンを貼る

描く　色画用紙

貼り合わせる

穴に枝をさす

巻き付ける

ひも

※裏面も同様に作る

ポリポリおいしい♪
豆＆ますの置き飾り

案・製作／冬野いちこ

【材料】ます、色画用紙、画用紙、豆

型紙
P.45

ポイント

色画用紙を丸めて立体的に。体を後ろに丸めると、自立します。

描く　色画用紙
画用紙

くいしんぼうさんたちがラブリー♡

21

おりがみ

1 本角のおに

折り紙案／新宮文明
飾り案・製作／尾田芳子　折り図／みつき

1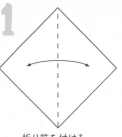
折り筋を付ける

2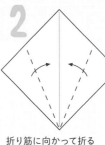
折り筋に向かって折る

3

4
折る

裏返す

5
折り上げる

6
角が少しはみ出るように、
後ろに折る

折った
ところ

7
後ろに折る

8
後ろに折る

顔を描く

できあがり！

22

1

半分に折る

2

上の1枚だけ折る

4

角を折る

3

上の1枚だけ折る

5

折る

6

折ったところ

裏返す

7

上の1枚だけ折る

8

段折りをする

がおおおお！

2本角のおに

折り紙案／新宮文明
飾り案・製作／尾田芳子　折り図／みつき

顔を描く

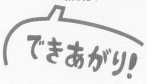

できあがり！

**製作帳に
アレンジ**

クレヨンで
描いた
豆や金棒で、
にぎやかに！

おにが島の岩は、
折り紙をちぎって。

23

おほほほほ

お福さん

折り紙案／青柳祥子
製作／つかさみほ
折り図／みつき

1

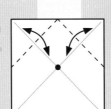

折り筋を付ける

2

折り筋を付ける

4

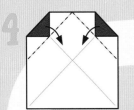

折る

3

折る

5

少し後ろに折る

顔を描く

できあがり！

1

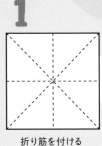

折り筋を付ける

7

白い矢印の所を開いて、
8の形になるように折る
（裏側も6、7と同様に）

8

上の1枚を左に折る
（裏側も同様に）

2

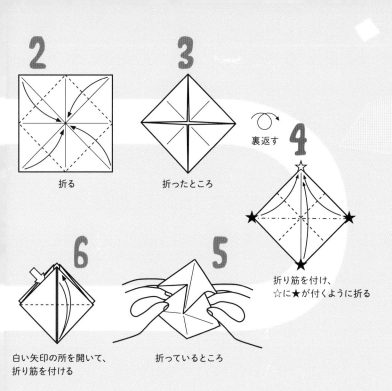

折る

3

折ったところ

裏返す

4

折り筋を付け、
☆に★が付くように折る

6

白い矢印の所を開いて、
折り筋を付ける

5

折っているところ

三方

監修／小林一夫
（お茶の水 おりがみ会館館長）
折り図・製作／湯浅信江

9

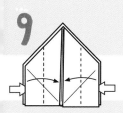

真ん中の線に合うように
両側から折る
（裏側も同様に）

10

上の1枚のみ下に折る
（裏側も同様に）

11

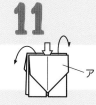

ア

白い矢印の所をひらいて、
アをできあがりのように
横に開く
（裏側も同様に）

できあがり！

形を整える

シアター

きょうは節分

心のなかのおには外！

案・指導／山本和子　絵人形イラスト／アキワシンヤ
モデル／伊藤有希菜　作り方イラスト／みつき

3匹の絵人形（各表）を持って、登場します。

保育者

きょうは節分。みんなで豆まきをして、おにを追い払う日です。さるくんとこぶたちゃんとねこくんも集まっていますよ。さあ、おにを追い払いましょう。

型紙
P.46
〜47

用意する物

さるくん

（表・裏）　　　　（中）

こぶたちゃん

（表・裏）　　　　（中）

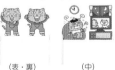

ねこくん

（表・裏）　　　　（中）

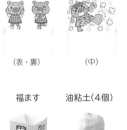

福ます

油粘土（4個）

作り方

【材料】画用紙、割り箸

〈さるくん〉

山折りして
貼り合わせる

※こぶたちゃん
とねこくんも
同様に作る

型紙をコピーした
画用紙に色を塗る

切る

谷折りする

割り箸を割らずに挟んで
セロハンテープで留める

〈福ます〉

福

型紙をコピーした
画用紙に色を塗る

2枚作り、
図のように
折って
組み合わせる

─・─・─ 山折り

「え？
本当？」

2 こぶたちゃん、ねこくんを下げます。
さるくん（表）と話しているように動かします。

（さるくん）ねえねえねえ、おにってどこにいるの？
おにが島かな？

（保育者）さるくん。
さるくんの心のなかにも、おにがいるんですよ。

（さるくん）え？ 本当？

（保育者）泣き虫さんの心のなかにいるのは、泣き虫おに。
ゲームばっかりちゃんの心のなかには、ゲームやりすぎおに。
直さなくちゃ！ と思う、よくないところが、
心のなかのおになんですよ。
さるくんの心のなかには、どんなおにがいると思う？

（さるくん）ええと…ぼくのなかにいるのは…。
そうか、わかった！

「好きな物だけ、
食べていたーい！」

3

さるくんを開いて（中）を見せます。

（さるくん）

好き嫌いおにだ！
ぼくは、バナナや甘い物が大好き！
でも、野菜や魚は苦手…。
好きな物だけ、食べていたーい！

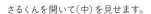

4

さるくん（中）を油粘土に立てます。保育者は福ますを持って、
豆をまくしぐさをします。子どもたちにも、声を出してもらいましょう。

（保育者） よーし、豆まきをして、好き嫌いおにを追い払いましょう。
みんなもいっしょに、「おにはー外！」って言ってね。
1、2の3！ おにはー外！ おにはー外！

5

さるくんを持って（裏）にします。

（さるくん） わーい！ 豆まきをしてもらったおかげで、
好き嫌いおにが逃げていったよ！
これからは、好き嫌いしないで食べるよ。
ありがとう！

6

さるくん（裏）を油粘土に立て、こぶたちゃん（表）を持ちます。

（こぶたちゃん） わたしは、好き嫌いしないわ。

（保育者） よく考えてみて。こぶたちゃんの心のなかには、
どんなおにがいると思う？

（こぶたちゃん） ええと…わたしの心のなかにいるのは…。
そうだ！

やだやだー！って
怒っちゃうの

7

こぶたちゃんを開いて（中）を見せます。

こぶたちゃん　おこりんぼおに！
気に入らないことがあると、
すぐぷんぷんしちゃうし、
やだやだー！って怒っちゃうの。

保育者　よーし、豆まきをして、
おこりんぼおにを追い払いましょう！

こぶたちゃん（中）を油粘土に立てます。
4と同様に、福ますを持ち、豆まきのしぐさをします。

8

こぶたちゃんを（裏）にして、
せりふに合わせて動かします。

こぶたちゃん　わーい！
豆まきをしたら
おこりんぼおにが逃げていったわ！
これからは怒らないでにこにこ、
みんなと仲よくしようっと。

こぶたちゃん（裏）を油粘土に立てます。

保育者　こぶたちゃん、よかったね。

わーい！
豆まきをしたら
おこりんぼおにが
逃げていったわ！

ねこくんの心のなかには、
どんなおにがいると思う？

元気に遊べないよ！
助けて〜！

9

ねこくん（表）を持ちます。

ねこくん ぼくは、好き嫌いもしないし、おこりんぼじゃないよ。

保育者 でもね、よく考えて！
ねこくんの心のなかには、どんなおにがいると思う？

ねこくん ええと、ぼくの心のなかにいるのは…。そうだ！

10 ねこくんを開いて（中）を見せます。

ねこくん 夜更かしおに！
ぼく、ついついテレビを見て、
夜遅くまで起きているんだよね。
夜更かししていると、
次の日、元気に遊べないよ！
助けて〜！

保育者 よーし、豆まき、豆まき！

ねこくん（中）を油粘土に立てます。
4と同様に、福ますを持ち、
豆まきのしぐさをします。

11

ねこくん、
よかったね！

ねこくんを持って（裏）にします。

ねこくん ありがとう！
みんなの豆まきのおかげで、夜更かしおにが逃げていったよ！
これで元気いっぱいに遊べるね。

保育者 ねこくん、よかったね！

さて、みんなの心のなかには
どんなおにがいると思う？

（12） ねこくん（裏）を油粘土に立て、
子どもたちに語りかけます。

[保育者] さるくんも、こぶたちゃんも、ねこくんも、
心のなかのおにを追い払えたみたい。
さて、みんなの心のなかには
どんなおにがいると思う？
考えてみてね。

（13）

福ますを持って、子どもたちといっしょに
豆をまくしぐさをします。

[保育者]
よし、みんなでいっしょに豆まきをして、
心のなかのおにを追い払いましょう。
おにはー外！ おにはー外！
やったあ！
おにが逃げていって、福がいっぱいきましたよ。

おには〜外！
おには〜外！

おしまい

ゲームあそび

せーの！

5〜4歳児

赤・白どっち？
ふくはうち！ おには外！

案／アトリエ自遊楽校 渡辺リカ
イラスト／野田節美

ねらい

- 勝ち負けのある遊びを通して、ドキドキ感を楽しむ。
- 瞬時に方向を変えて走り出すなど、体をうまく使いながら遊ぶ。
- 遊びを通して集中し、状況の変化に反応して、反射的に動く。

【用意する物】

- おにふく箱
- 紅白ボール
  （紅白玉でも可）

〈おにふく箱〉 穴を開ける

段ボール箱

紅白ボールを
1つずつ入れておく

赤おに！　　あっ!!

遊び方

1 全員で輪になって座り、中央に「おにふく箱」を置きます。最初にボールを引く子を決めます。

2 全員で、「ふくはーうち、ふくはーうち、ふくはーうち！おにはー外、おにはー外、おにはー外！」と唱えたら、最初の子が「せーの！」と言って、おにふく箱からボールを1つ取り出します。

3 取ったボールが白なら「福の神！」と叫び、次にボールを引く子を指名します。赤なら「赤おに！」と叫んで、周りにいる子を捕まえに行きます。捕まった子が次にボールを引きます。繰り返して遊びましょう。

待てー！　　逃げろー！

4～3歳児

リズムに合わせて
おにさんとお福さん

案／小倉和人　イラスト／ヤマハチ

ねらい
● リズムに合わせた動きを楽しむ。
● 遊びのなかで、友達との関わりを深める。

遊び方

1　全員で輪になり、「豆まき」の歌に合わせて、おにとお福さんになって遊びます。

❶♪おには
2回手をたたきます。

❷♪そと
両手の人さし指を立てておにの角を作り、頭の上へ。おにのポーズをとります。

❸♪ふくは
2回手をたたきます。

❹♪うち
両手を胸の前でクロスさせて、首を左右どちらかに傾けるポーズをとります。

❺♪ぱらっぱらっぱらっぱらっ　　まめのおと
両手を広げて、左右の子と7回手を打ち合わせます。

❻♪おには　こっそりにげていく
おにのポーズで自由に歩き回り、保育者が「〇人！」と人数を言ったら、その人数で集まり、最初から繰り返して遊びます。

2　何回か繰り返したら、保育者は子どもたちの様子を見て、人数を言うところで「全員！」と言います。そうしたら、みんなで1つの輪になります。

❶♪おには　　**❷♪そと**　　**❸♪ふくは**　　**❹♪うち**　

❺♪ぱらっぱらっぱらっぱらっ　まめのおと

❻♪おには　こっそりにげていく

3人！

作詞　日本教育音楽協会
楽譜はP.36～37に掲載

フワフワおに退治

案／アトリエ自遊楽校 渡辺リカ　イラスト／みやれいこ

ねらい

● 節分の行事に親しみながら、
　ハラハラドキドキのスリルを味わう。

【用意する物】
● 人数分のおにの命玉
　（新聞紙を丸めてクラフトテープで留めた物）
● おにの門
　（天井や壁に貼ってつるしておく）

〈 おにの門 〉

表　　　　　　　　　裏　　　　　　　　　ひも

色画用紙

切り抜く
（子ども一人がくぐって出入り
できるくらいの大きさ）

新聞紙を 15 枚
貼り合わせる

3 枚

5 枚

がんばれー

ぐしゃ　ぐしゃ　ぐしゃ

遊び方

1 一人ずつ順番に、おにの門に触れないように気をつけてくぐり、向こう側に置いてある「命玉」を取って戻ってきます。

2 全員が戻ってきたら、「命玉」をみんなでおににぶつけて最後はおにの門をぐしゃぐしゃに丸めて、「おに退治」をします。

どんな顔になる?
にっこりおに笑い

案／浅野ななみ　イラスト／坂本直子

ねらい

● 顔のパーツの名称を知り、それぞれの位置を考えながら、おにの顔を作ることを楽しむ。

目は
どこかな?

【用意する物】
● おにの顔
● 顔のパーツ

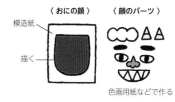

〈おにの顔〉　　〈顔のパーツ〉

模造紙

描く

色画用紙などで作る

できたね!

やったー!

遊び方

1 保育者はおにの顔を広げて、顔のパーツを「これは目だよ」「これは鼻」などと名称を言いながら、子どもたちに渡していきます。

2 子どもたちは、おにの顔に自分が持っているパーツを置いていきます。全部のパーツを載せ終わったら、みんなでできあがった顔を見て楽しみましょう。

うた

豆まき

作詞・作曲　日本教育音楽協会

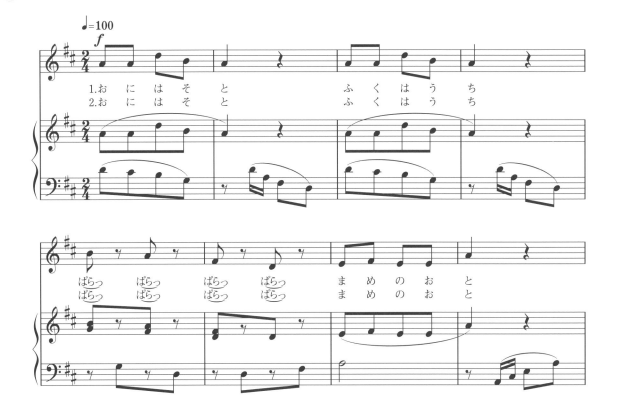

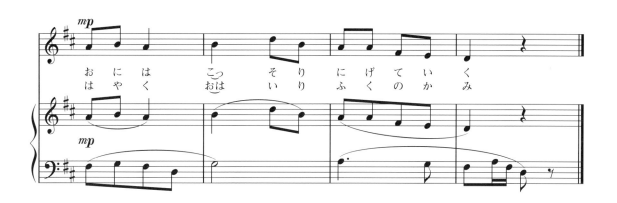

おには こ そ り にげ てい くみ
はやく おは そい り ふく の か み

すぐに使えて便利！
コピー用型紙集

型紙
P.00

このマークが付いている
作品の型紙です。コピー
してご利用ください。

― ・ ― ・ ―	山折り
- - - - - -	谷折り
（斜線）	切り取る
（グレー）	のりしろ
●――●	切り込み

P.6　ダイナミックカラフルお面

P.6
~7　スポンジスタンプの
ワイルドひげおに

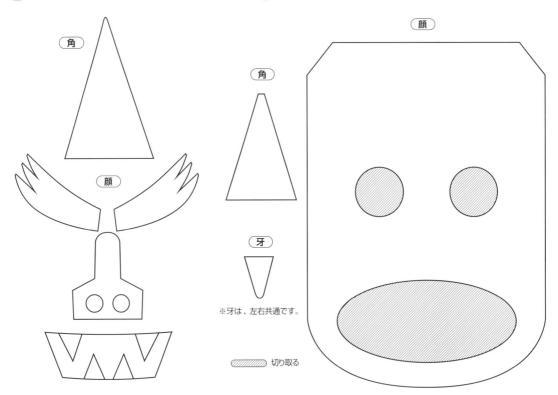

角

顔

顔

角

牙

※牙は、左右共通です。

（斜線）切り取る

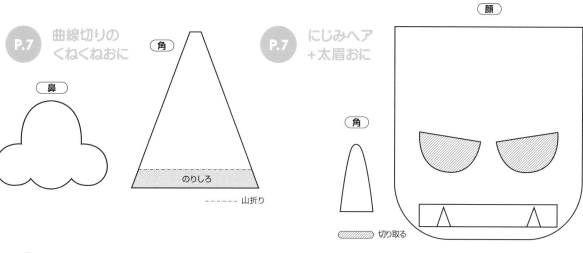

P.7 曲線切りの
くねくねおに

鼻

角

のりしろ

------- 山折り

P.7 にじみヘア
+太眉おに

顔

角

▨▨▨ 切り取る

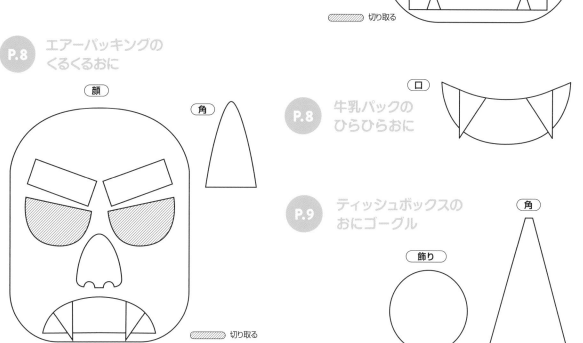

P.8 エアーパッキングの
くるくるおに

顔

角

▨▨▨ 切り取る

P.8 牛乳パックの
ひらひらおに

口

P.9 ティッシュボックスの
おにゴーグル

飾り

角

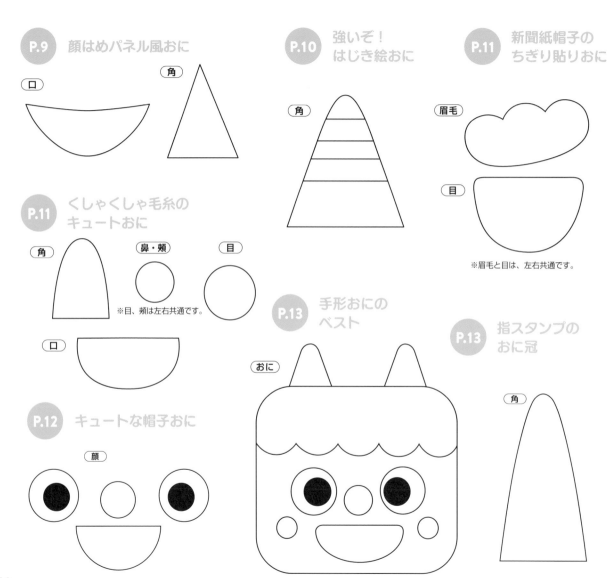

P.9 顔はめパネル風おに

口　角

P.10 強いぞ！はじき絵おに

角

P.11 新聞紙帽子のちぎり貼りおに

眉毛　目

※眉毛と目は、左右共通です。

P.11 くしゃくしゃ毛糸のキュートおに

角　鼻・頬　目

※目、頬は左右共通です。

口

P.13 手形おにのベスト

おに

P.13 指スタンプのおに冠

角

P.12 キュートな帽子おに

顔

P.14 おしゃれパンツの豆入れ

おに

角

足

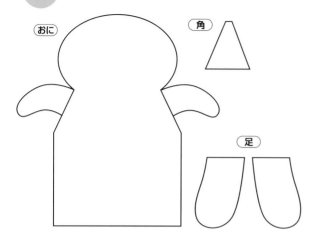

P.15 カップ形豆入れ

おにの顔

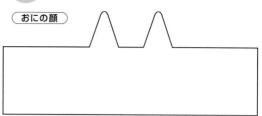

P.15 パクパク豆入れ

歯
のりしろ

目

鼻

角
のりしろ

※目は、左右共通です。

P.15 発泡トレースタンプの豆入れ

おに

P.16 絵の具＆折り紙でおにのパンツ

おにのパンツ

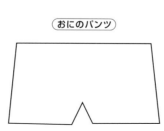

おに

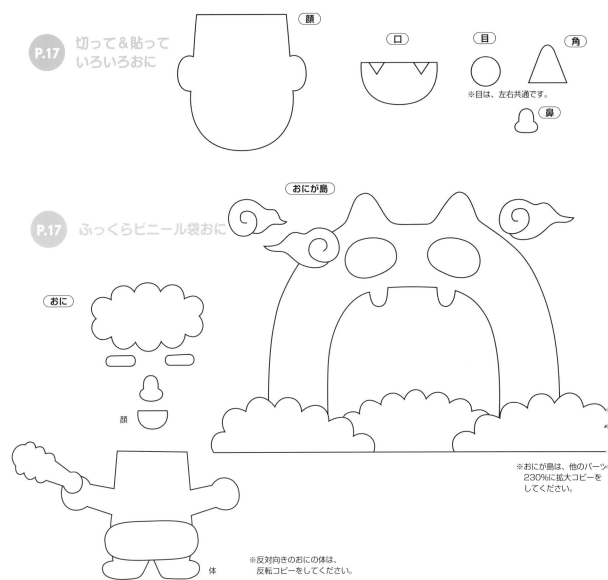

P.17 切って&貼って
いろいろおに

顔

口

目

角

※目は、左右共通です。

鼻

P.17 ふっくらビニール袋おに

おにが島

おに

顔

※おにが島は、他のパーツ
230%に拡大コピーを
してください。

体

※反対向きのおにの体は、
反転コピーをしてください。

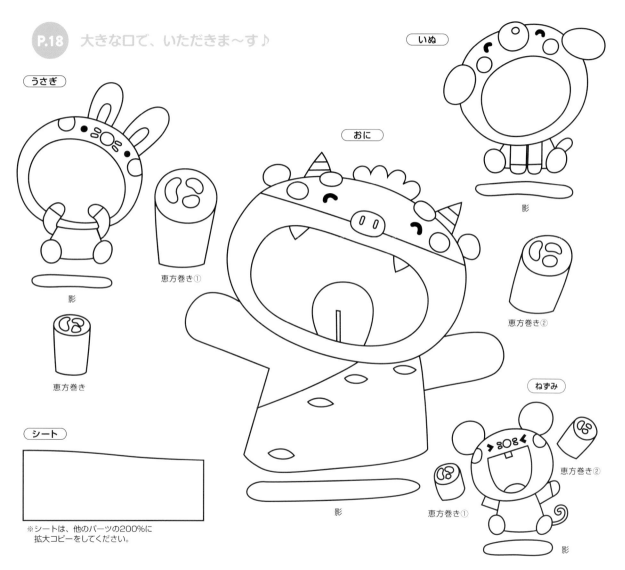

うさぎ

影

恵方巻き①

恵方巻き

いぬ

影

おに

恵方巻き②

ねずみ

恵方巻き②

恵方巻き①

影

シート

※シートは、他のパーツの200%に
　拡大コピーをしてください。

影

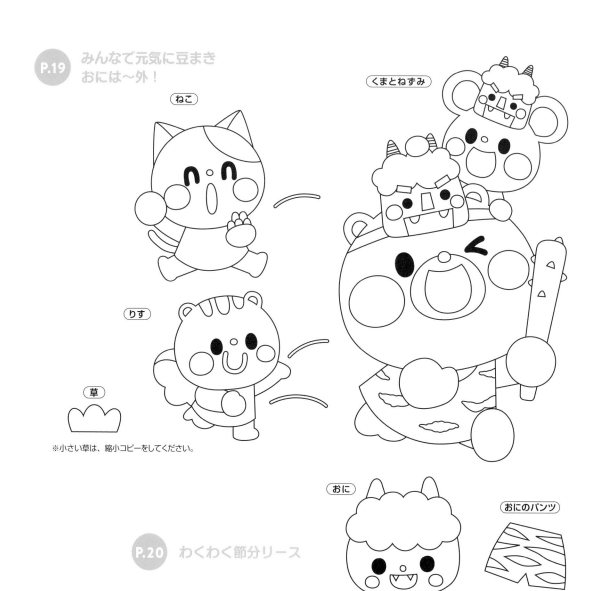

みんなで元気に豆まき
おには～外！

ねこ

くまとねずみ

りす

草

※小さい草は、縮小コピーをしてください。

おに

おにのパンツ

P.20　わくわく節分リース

44

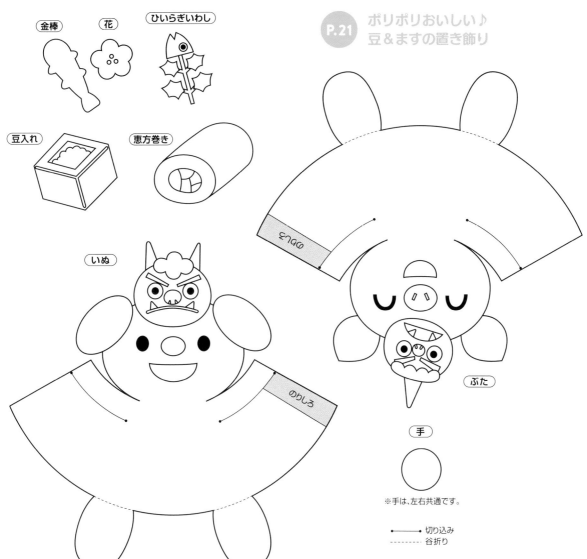

金棒 花 ひいらぎいわし

P.21 ポリポリおいしい♪
豆＆ますの置き飾り

豆入れ 恵方巻き

いぬ

のりしろ

ぶた

のりしろ

手

※手は、左右共通です。

●———— 切り込み
------- 谷折り

45

P.20
~21

ひいらぎいわしで
おには外！

（口）

------ 山折り

（ひれ）

※ひれは、左右共通です。

（ひいらぎ）

------ 谷折り

※小さいひいらぎは、
縮小コピーをしてください。

（顔）

（台紙）

（尾）

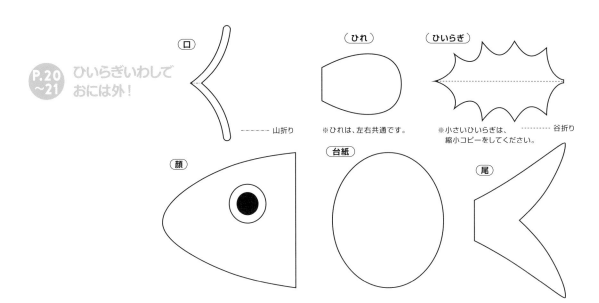

貼り合わせる

（さるくん）

P.26
~31

心のなかのおには外！

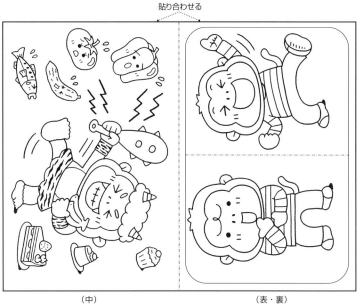

（中）

（表・裏）

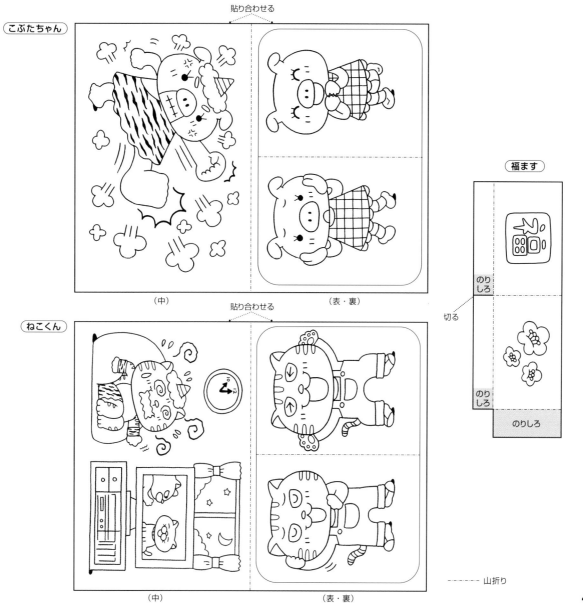

こぶたちゃん

貼り合わせる

（中）　　　　　　　（表・裏）

ねこくん

貼り合わせる

（中）　　　　　　　（表・裏）

福ます

のりしろ

切る

のりしろ

のりしろ

------ 山折り

47

案・製作 (50音順)

青柳祥子、アキワシンヤ、浅野ななみ、アトリエ自遊楽校 渡辺リカ、イシグロフミカ、いとう・なつこ、いわいざこまゆ、小倉和人、尾田芳子、オハナ新羽保育園、くるみれな、小林一夫、新宮文明、すぎやままさこ、つかさみほ、東京家政大学ナースリールーム、西内としお、冬野いちこ、町田里美、宮地明子、もりあみこ、山下味希恵、山本和子、わたいしおり、Rana Tura. 上田有規子

カバー・本文デザイン / 坂野由香、石橋奈巳（株式会社リナリマ）

イラスト / 坂本直子、野田節美、みやれいこ、ヤマハチ

作り方イラスト・折り図 / おおしだいちこ、河合美穂、速水えり、みつき、八十田美也子、湯浅信江、わたいしおり

シアターモデル / 伊藤有希菜

キッズモデル協力 / 有限会社クレヨン

撮影 / 林 均、矢部ひとみ

楽譜浄書 / 株式会社クラフトーン

型紙トレース / 奏クリエイト、プレーンワークス

本文校正 / 有限会社くすのき舎

編集協力 / 東條美香

編集 / 時岡桃子

Potブックスmini　行事アイデアぽけっと

わいわい！せつぶん

2020年12月　初版第1刷発行

編者／ポット編集部　©CHILD HONSHA CO.,LTD.2020

発行人／大橋 潤

編集人／西岡育子

発行所／株式会社チャイルド本社

〒112-8512　東京都文京区小石川5-24-21

電話／03-3813-2141（営業）　03-3813-9445（編集）

振替／00100-4-38410

印刷・製本／共同印刷株式会社

ISBN978-4-8054-0297-9

NDC376　17×19cm　48P　Printed in Japan

チャイルド本社のホームページアドレス

https://www.childbook.co.jp/

チャイルドブックや保育図書の情報が盛りだくさん。どうぞご利用ください。